AF267698

GÉNÉALOGIE

CRITIQUE ET LITTÉRAIRE

DES MAISONS

DE CROY-CHANEL DE HONGRIE

ET

DE CROY-D'HAVRÉ DE SANTERRE;

Par Alexandre Barginet

(DE GRENOBLE.)

Verum dicere.

Prix, 1 fr. 50 c.

A PARIS,

Chez LADVOCAT, Éditeur des Œuvres de lord Byron,
Palais-royal, gal. de bois, n°s 196 et 197.

1820.

GÉNÉALOGIE

CRITIQUE ET LITTÉRAIRE

DES MAISONS

DE CROY-CHANEL DE HONGRIE

ET

DE CROY-D'HAVRÉ DE SANTERRE,

CHAPITRE PREMIER.

Réflexions et mélanges historiques.

Quel malheur pour M. de Sainte-Palaye de n'être plus de ce monde! Il aurait eu, en 1820, un chapitre de plus à ajouter à *l'His-*

toire de la Chevalerie, et ce chapitre n'eût pas été le moins plaisant de son ouvrage. Deux illustres champions sont entrés en lice; déjà la trompette a retenti dans le champ préparé pour le combat; les hérauts d'armes ont donné le signal; les juges du camp attentifs ne perdent pas un seul coup de lance, et la force ou le courage va décider du *bon droit.* Pourquoi faut-il changer les couleurs de ce tableau belliqueux et romantique! Hélas! comme tout est dégénéré! Voilà que les deux chevaliers se battent avec des mémoires; d'éloquens avocats, qui ont soin de crier fort pour réveiller le tribunal, supportent tous les dangers du combat, et les magistrats appelés à prononcer n'ont sans doute jamais jugé des coups de sabre qu'à la police correctionnelle.

Cette dernière version est peu poétique; je suis forcé d'en convenir à la honte de mon siècle. Déjà je vois des rieurs me demander dans quel but j'entreprends de noircir quelques feuilles de papier. Il n'y a rien dans le procès de MM. d'Havré et de Croy-Chanel de Hongrie qui ait rapport aux élections et à la liberté individuelle; par conséquent il n'y a rien d'intéressant. Les rieurs se trompent; moi qui ai fait mon cours de blason avec la *Minerve* et le *Constitutionnel*, je me suis avisé de voir dans cette discussion quelque chose digne encore d'occuper une plume libérale.

Avant que la noblesse fût le prix de quelques écus, elle étoit une institution née de la foiblesse des peuples et de l'inertie des rois ; mais elle étoit une institution. Elle avoit une puissance et une force indépendantes de l'action du trône ; elle étoit une partie de la la souveraineté que souvent et trop long-temps elle exerça exclusivement. On voit que je veux parler de la noblesse féodale, la seule qui fût pas ridicule, parce qu'elle n'étoit pas illusoire. Quand la noblesse n'appuya plus ses prétentions par les armes, et que les nations firent un pas vers la liberté en s'unissant sous un seul chef, la noblesse ne fut plus une institution, mais un corps dans l'état, qui s'alimenta bientôt de tout ce que le peuple fournit d'hommes, engraissés de ses sueurs, de son or et de sa misère.

On acheta le droit d'aller attendre le réveil d'un prince dans un anti-chambre; on put battre ses valets, ravager avec une armée de chiens les propriétés de quelques malheureux qui n'étoient qu'honnêtes gens. Il resta à ces sangsues quelques prééminences qu'on décoroit du nom de priviléges; et moyennant une belle perruque, une innocente épée et un habit doré, on était un *homme comme il faut*.

Je ne fais point à MM. d'Havré et de Croy-Chanel de Hongrie l'injure de leur appliquer ces faits; mais on verra plus tard qu'ils étoient nécessaires à l'objet que je me suis proposé.

Il étoit cependant resté dans les idées morales du peuple un certain respect ou plutôt une considération marquée pour les descendants des anciens tyranneaux, et pour me servir d'une expression plus à la mode, pour les familles, qui, en perdant leurs priviléges et leurs armées, avoient conservé une filiation de sang et de souvenirs. C'est donc dans les traditions vulgaires que j'irois chercher la preuve des origines qui ne seroient point appuyées de parchemins enfumés, et encore sont-elles à mes yeux des titres bien plus incontestables. Nul doute que l'illustration de

certaines familles, qui a pu survivre aux ora-
ges des temps et au délire de l'égalité, ne
soit une exception en faveur de la noblesse.

Il existe encore dans le Dauphiné quelques
rejetons des Duterrail; ces bonnes gens viennent au marché de Grenoble vendre des œufs
et des fruits sans que leur famille ait rien
perdu de sa gloire dans l'esprit des habitants
des campagnes. On sait qu'ils sont du sang
de Bayard, et le nom du chevalier Sans-Peur
imprime toujours dans sa patrie le respect et
la considération.

C'est ainsi que dans le même pays le nom
des Croy-Chanel de Hongrie est en vénération.
Lorsqu'éloignés des grandeurs de la cour,
ces personnages, distingués par leur haute
naissance, passoient leur vie dans l'obscurité que d'insolents favoris leur reprochent,
ils vivoient honorés en des lieux où jamais
la flatterie, la sottise et l'orgueil ne possé-
dèrent d'autels.

S'il existoit pour moi d'autre noblesse que
celle de l'honneur, des vertus et de l'amour
de la patrie, je défendrois celle qui ne se fit
remarquer que par la bienfesance, le courage
et la modestie; je proscrirois celle qui doit ses

honteuses grandeurs à l'adulation, à la bassesse
et au souffle empesté des cours. Dans un gouvernement comme celui de mon pays je ne
cherche que des citoyens, et j'écrase les favoris de leurs rubans et de l'indignation publique. Mais où m'entraînent des raisons
justes en elles - mêmes? La Constitution re-
connoît en France une prétendue *ancienne
noblesse* et une certaine *noblesse nouvelle*,
comme si ces deux mots pouvoient s'allier!
Je m'arrête avec respect devant le pacte sacré
qui nous régit, et je reviens au procès dont
rit la Chaussée-d'Antin, et que les bonnes
femmes du fauxbourg Saint-Germain dis-
cutent avec un sang-froid bien plaisant.

Entrons un moment dans les termes et les
intérêts des parties.

M. le comte de Croy-Chanel de Hongrie dis-
pute aux MM. d'Havré et de Solre le droit
de porter certaine pièce dans leurs armoiries : il s'agit, je crois, d'une *fasce de gueule*,
mot barbare et inexplicable dans la langue
moderne.

Le duc ne pouvant ni résister, ni répondre
aux vives attaques du comte, qui a la manie
d'appuyer toutes ses demandes de pièces et

de preuves irréfragables , a pris le parti non-
seulement de lui reprocher l'authenticité de
ses titres , mais encore son nom même.

Il se présente ici une réflexion bien importante. Il est sans doute d'un foible intérêt
pour la société que M. de Croy - Chanel de
Hongrie enlève une *gueule* à un grand seigneur ; mais tout seroit perdu si un *mayeur*
d'Amiens (*civis ambianensis*), parce qu'il
a eu le bonheur de plaire à un souverain , en-
travoit la marche libérale et sacrée de la justice en dictant ses arrêts , en effrayant ses
magistrats de tout l'appareil de la faveur, et
de la fantasmagorie de la cour.

Cette cause, peu importante en elle-même,
peut avoir des résultats offensants pour la
majesté des lois , et périssent plutôt toutes les
fasces de gueule que le principe d'égalité
devant le Code !

La longue possession des grandeurs ne donne
pas des titres suffisants à l'ilustration d'une
origine contestée. Les courtisans qui ont perdu
la France et abandonné le trône et la patrie ,
ne sont pas la noblesse françoise ; de même
qu'une honorable obscurité, que la médio-
crité des biens de la fortune n'altèrent point

le sang de ces races antiques dont les peuples conservent encore de touchants souvenirs.

Eh quoi! l'on seroit plus noble dans une antichambre que dans une province éloignée célèbre par ses sacrifices et les exploits de ses guerriers! Vaut-il mieux assister à un petit-lever que de prendre à la pointe de l'épée le fort Barraux au duc de Savoie? (1)

J'ai lu avec la plus grande attention les mémoires de MM. d'Havré de Santerre. Comme ils sont riches et puissants, je présumois qu'ils avoient tort, et je ne me suis point trompé. Cela n'est cependant pas exclusif, car un grand seigneur peut bien avoir des droits à réclamer la justice; mais alors sa demande a un autre caractère que celui des écrits dont j'ai pris connaissance. Si les grands sont coupables dans leurs immodestes philippiques, leur orgueil encouragé par les bassesses dont ils sont l'objet les rend presqu'excusables. Combien

---

(1) Le 15 mars 1398, Claude de Croy-Chanel se distingua au siége de Barraux (ou fort Saint-Barthélemy) sous les ordres de Lesdiguières, à la cour duquel il est bien prouvé que les *princes* de Croy n'étoient pas. Voyez au reste, chapitre troisième de ce Mémoire, au titre *Faits et Gestes.*

sont à plaindre les défenseurs mal-adroits que l'appât d'une vile récompense encourage à la calomnie, et qui se déshonorent bénévolement pour une cause toujours douteuse aux yeux de l'homme juste! En parcourant le mémoire fait au nom d'un duc et d'un prince, j'ai souvent douté que les indécentes apostrophes dont il est rempli s'adressassent aux membres de la famille de Croy-Chanel de Hongrie, dont je connoissois positivement, et depuis long-temps les titres à l'estime publique et à des distinctions dans l'état, si elles étoient toujours des récompenses justement distribuées.

Cependant je ne veux point m'immiscer dans des discussions particulières; je suis persuadé que les personnes attaquées ont noblement répondu à de graves injures. J'ai trouvé dans le procès de MM. d'Havré et de Croy-Chanel une question d'intérêt général, et je m'en empare, parce que je le veux et que j'en ai le droit. C'est avec l'histoire que je formerai mes preuves, et c'est un point assez important à éclaircir que la descendance d'une maison royale. Si les souverains appliquoient leurs systèmes autrement que dans leur intérêt, il me semble (je dis cela sérieusement) que l'empereur d'Allemagne devroit seul décider s'il existe ou non une lignée des rois légitimes de Hongrie ; car ce qui étoit légitime il y a quatre siècles n'a pas pu cesser de l'être, ou si le temps peut consacrer les usurpations, qu'est-ce donc que la légitimité?

Il seroit plaisant de voir un jour une guerre pour deux princes dont les droits tiendroient à une *gueule* de plus ou de moins! Pourquoi pas? Les peuples n'ont-ils pas l'habitude de se battre pour des choses qu'ils ne comprennent pas, qui ne les regardent pas, et qui sont bien moins importantes?

Mais revenons à la question dont je veux principalement m'occuper. Est-il présumable que des fils de rois arrivent à un tel degré de pauvreté, qu'ils puissent perdre non-seulement la splendeur attachée à leur nom, mais encore leur rang dans ce qu'on appelle la société? Certainement cela est possible, et il existe tant d'exemples de l'inconstance de la fortune, la génération vivante a vu passer devant elle tant de géants qui ne sont plus que des fantômes de fumée, que le contraire de cette question n'est pas même soutenable.

En second lieu la fortune constitue-t-elle bien la noblesse des familles? Que d'ombres fameuses apparoissent à mes yeux, et semblent irritées d'une demande qui seroit celle d'un être dont l'analogie n'existe pas, si MM. d'Havré de Santerre ne l'eussent faite dans leur Mémoire.

Cette phrase singulière : « *Vous avez été deux cents ans dans la pauvreté ; donc vous n'êtes pas d'une race royale...* » a serré mon cœur ; j'aurois voulu trouver plus de douceur et de courtoisie dans des gens appelés à de hautes distinctions. Funeste engouement des biens de la terre, préjugé cruel des faveurs du hasard, pourquoi ne vous proscrit-on pas entièrement puisque vous pouvez dessécher à ce point les sentiments les plus précieux de la nature, le respect qu'on doit au malheur, à la grandeur déchue et au pouvoir qui n'est plus !

Ah ! certes, si tous ceux qui vantent leur noblesse approuvent un reproche pareil, je suis bien heureux de n'être qu'un homme. Mais que sera-ce donc quand je prouverai à MM. d'Havré de Santerre que seuls ils ont raison d'invoquer ce principe, puisque dans

tous les temps ils n'ont dû leur illustration
qu'à la richesse et aux libéralités de certains
souverains, et que la longue durée de leur
noblesse ne vient que de la continuité inouie
des faveurs dont on les a accablés? Je conçois qu'il est douloureux pour des courtisans
d'entendre la vérité; mais ce n'est pas trop
d'une fois, et j'ai pris la plume pour leur
procurer ce plaisir.

Et vous, dont le nom est cher à mes com-
patriotes, MM. de Croy-Chanel de Hongrie,
conservez toujours cette modération que vous
inspire la bonté de votre cause : ne redoutez
ni les brigues, ni les calomnies, ni les injures
de vos puissants adversaires; un juge impartial et inflexible veille sur vous; ce juge c'est
l'opinion. On ne l'étouffera pas cette voix uni-
verselle qui prononce en dernier ressort contre
les grands de la terre! on ne la désarmera pas
avec des mensonges et des mots!

Pour moi, qui n'implorerai probablement
jamais le sourire d'un protecteur, moi qui
n'ai rien à craindre et à espérer ni du pouvoir qui est, ni de celui qui pourra être, je
veux du moins faire servir à la vérité les
veilles que j'ai employées à la chercher. Je n'ai

pas le dessein d'offenser personne; mais j'ai une prodigieuse disposition à ne pas aimer les favoris; j'ai presque l'air de parodier ce vers:

Les *grands* sont ici bas pour nos menus plaisirs.

CHAPITRE SECOND.

Généalogies.

Il existe plusieurs familles du nom générique de *Croy* ou *Crouï ;* la plus commune opinion est que l'une d'elles seulement descend d'André III, roi de Hongrie (1).

On connoissoit un *fief de Croy sur Somme* et un *fief de Croy en Santerre.* Chacun sait qu'un *fief* étoit une terre dont la possession entraînoit une certaine jurisdiction arbitraire, et qui *anoblissoit* l'individu qui pouvoit l'acquérir (2).

La famille d'Havré est la postérité de certains seigneurs de Croy, *mayeurs* ou maires d'Amiens (3) ; le titre de *civis ambianensis,*

(1) Hist. chron. de la maison royale de France.
(2) Sainte-Palaye, Montesquieu, Mably.
(3) Adrien de la Morlière.

qui décoroit leurs ayeux, est rejeté par ces messieurs avec une superbe foiblesse. Je conçois bien qu'on ne veuille pas être citoyen: il vaut bien mieux être prince; cela coûte si peu!

La famille de Croy-Chanel de Hongrie, qualifiée de *nobilis et potens* par d'anciens actes que j'ai eus sous les yeux dans l'histoire du Dauphiné, de Chorrier et de Valbonais, tire son origine de la maison royale de Saint-Étienne.

Les généalogistes, gens ordinairement complaisants et de bonne composition, ne peuvent faire remonter la noblesse de MM. d'Havré que vers l'an 1335, à un Guillaume de Croy, seigneur du *fief* de ce nom, en Santerre.

Guillaume avoit eu pour ascendants deux *Jean*, un *Mathieu*, un *Simon* et un *Étienne de Croy*, qui tous avoient été *mayeurs* d'Amiens, *cives ambianenses*.

Mais d'où vient ce bon père Étienne? Je n'en sais rien, et l'appui de toute la science héraldique et l'art de tous les étymologistes réunis ne le feront pas trouver à MM. d'Havré de Santerre, à moins cependant qu'ils ne descendent en ligne directe de l'un des fils de Noé, comme ils l'ont assuré; alors, en remontant un peu plus haut, il sera clairement prouvé que je suis leur cousin; car je compte Adam parmi mes ayeux.

Comme les seigneurs de Santerre reconnoissent bien être les enfants de Jean de Croy, favori du duc de Bourgogne, qu'il est positif que celui-ci étoit le fils de Guillaume dont nous avons parlé, que Guillaume avoit été engendré par Jean, Jean par un autre du même nom, celui-ci par Mathieu, qui venoit de Simon, lequel avoit pour père Étienne *civis ambianensis,* les seigneurs de Santerre sont donc venus d'Amiens, je ne sais pas si c'est pour être Suisses, mais ils ne viennent pas de Hongrie.

Ce Lamorlière, que je lis et que j'ai sous les yeux, cet écrivain que les MM. de Santerre n'auroient pas dû citer ou du moins citer à faux, vivoit dans un temps où leurs ancêtres modernes étoient déjà bien puissants, et il s'extasie devant l'illustre origine de *l'eschevinage* de sa patrie. Si cela n'est pas une preuve, qu'est-ce donc que prouver un fait?

Ces braves *mayeurs* d'Amiens portoient simplement dans leur écu trois oiseaux qu'on appelle *merlettes* en terme de blason. Voulez vous savoir pourquoi ? Moi, qui raisonne toujours par analogie, je m'en vais vous l'expliquer.

Il vous souvient sans doute de ce bon Henri. qui, accordant des lettres de noblesse à un bourgeois chez lequel il avoit trouvé à souper, voulut que le nouveau gentil-homme portât une dinde *en pal*. Il est très-probable que les devises qui décoroient les anciennes armoiries viennent toutes de faits à peu-près semblables, c'est-à-dire tiennent aux actions principales de ceux qui les portoient. Ainsi je présume que c'est à l'un des *mayeurs* d'Amiens que nous devons les excellents pâtés qui nous viennent de cette ville, et que la reconnoissance nationale plaça dans leur écu ces trois oiseaux qui entrent dans la confection d'un mets dont la cuisine françoise s'honore.

Les *mayeurs* d'Amiens ne s'avisèrent jamais de se dire les descendants des Rois de Hongrie : on leur auroit ri au nez en leur montrant trois *merlettes*. Voilà cependant comme l'orgueil du rang nous aveugle sur notre origine. Il est aussi plaisant que les Messieurs de Santerre prétendent être les descendants

2

des Rois de Hongrie, et porter leur écu, qu'il seroit ridicule dans quelques siècles aux enfants du bourgeois anobli par Henri IV, de se dire de la famille des Bourbons, et de prendre dans leurs armes des fleurs de lys au lieu d'une dinde.

Jean de Croy (1), fils de Guillaume, fut le conseiller de *Jean-Sans-Peur*, duc de Bourgogne: c'est depuis ce seigneur, reconnu par la famille d'Havré de Santerre pour être l'un de ses pères, qu'elle posséda les faveurs de plusieurs souverains, et fut admise dans les ordres les plus respectables. (2) Supposons donc un instant que c'est bien aux MM. de Santerre que furent adressés les diplômes de Maximilien 1er., de Rodolphe, de Léopold et de Louis XV: cela pourroit-il prouver que les *mayeurs* d'Amiens ne soient pas la véritable racine de cette maison ? Cela indique seulement que Maximilien, Rodolphe et Léopold ne savoient ce qu'ils disoient en appelant les Croy de Santerre

––––––––––––––––––––

(1) Voy. Chapitre III de cet ouvrage, *aux faits et gestes.*

(2) Hist. Chron. de la Maison Royale de France.

descendants *légitimes* des Rois de Hongrie. Ces Souverains s'avouoient donc usurpateurs.... Ils pouvoient bien en être persuadés; mais le dire, cela est trop fort.

Voilà notre opinion à cet égard. Maximilien Ier signoit en 1486 le diplôme que produisent, dit-on, les MM. de Santerre: les véritables, les seuls descendants du malheureux André III, n'étoient pas là pour s'opposer à l'usurpation de leur nom. Ils vivoient alors en Dauphiné, où l'un deux assistoit à la bataille de Varey sous Guigues XI, prince qui signa aussi plusieurs *chartes* en leur faveur, que par exemple j'ai lues. Les Croy-Chanel de Hongrie n'avoient pas eu dans leur famille une jeune et belle Agnès qui eût couché avec un duc de Bourgogne, assez mauvais garnement du reste, de façon que le père et les frères de la noble dame fussent les favoris du Souverain.

Dans ces temps d'ignorance où le pouvoir s'entouroit de mystères, la notorieté publique n'existoit pas, et la fraude combinée dans le silence du cabinet a pu se consommer sans opposition. Les Croy-Chanel de Hongrie, éloignés du théâtre de cette perfidie, ne pouvoient

en avoir connoissance. Il n'y avoit pas encore une *Quotidienne* qui dît aux Princes : *vous nous faites, Seigneur, en nous croquant beaucoup d'honneur ;* ni un *Constitutionnel* pour dire la vérité et défendre les droits des citoyens.

En conséquence, comme les *mayeurs* d'Amiens tenoient beaucoup à effacer le souvenir de leurs *merlettes ;* que d'ailleurs ils étoient riches et puissants, ils s'accommodèrent fort bien d'une descendance et d'une origine respectables. Si les Princes de Hongrie eussent été en pareille posture que les MM. de Santerre, ils auroient revendiqué l'héritage de leurs pères, ils auroient alors trouvé des armes et des partisans Les princes de Hongrie ne se scroient pas contentés des pancartes de Maximilien, de Rodolphe et de Léopold : ces majestés-là pensoient avec raison qu'elles n'avoient rien à craindre des *mayeurs* d'Amiens, et qu'en leur accordant des titres si fastueux elles doubloient la dose de respect et de fidélité de leurs favoris, en même temps qu'aux yeux des peuples qu'elles trompoient, elles *légitimoient* leur usurpation.

Ainsi, pour induire Louis XV en erreur

et surprendre sa religion , on n'eut qu'à lui soumettre les actes précédents ; et puis on n'y regarde pas de si près pour faire un duc ; nous le savons bien, nous autres, quand cela convient au monarque et au sujet.

On voit donc où nous conduisent les suppositions faites cependant à l'avantage de MM. d'Havré de Santerre. Examinons maintenant les diplômes bienfesants dans la sévérité historique.

Depuis que nous savons lire il est difficile de nous faire croire que de mauvaises plaisanteries soient des choses respectables. Or, je vois que les MM. d'Havré annoncent fastueusement le diplôme ou la pancarte de Maximilien Ier comme un témoignage de la haute considération que ce souverain accordoit à Philippe de Croy. Lisons donc et voyons : *Maximilianus*, etc. , *nobili* CAROLO, *comiti de Chimay, illustribus de Croy*, etc. ; c'est-à-dire je crois, *Maximilien*, etc., *à noble Charles, comte de Chimay, de l'illustre maison de Croy*. Certes, nous savons bien que la maison de Croy est illustre, mais jamais nous n'avons su que depuis Maximilien il se soit fait une telle révolution dans l'usage de la langue latine, pour que *nobili* Carolo voulût dire maintenant au *noble Philippe*, au lieu de *au noble Charles*, que cela signifioit alors.

Il est difficile de rencontrer de plus mauvais historiens que les féodaux écrivains de MM. d'Havré. Ainsi, d'après le diplôme même, il est constant qu'il fut accordé à Charles de Croy, comte de Chimay, dont malheureusement la race est éteinte depuis long-temps.

Je trouve encore assez plaisant que l'empereur Rodolphe, qui a eu la maladresse de naître le 18 juillet 1552, ait confirmé le titre de prince à un prétendu fils du prétendu Philippe par un nouveau diplôme de l'an 1494, c'est-à-dire, environ 58 ans avant qu'il fût au monde.

Les MM. d'Havré de Santerre, eussent-ils encore dix fois plus d'esprit qu'ils ne sont nobles, ne peuvent guère pallier ces petits défauts de forme qui existent dans leurs titres.

A moins de produire une chronologie des empereurs d'Allemagne, entièrement revue et augmentée, il est certain que l'empereur le plus puissant du monde n'a rien pu faire 5o ans avant sa naissance : c'est bien assez pour le genre humain qu'il vienne enfin ; il rattrape toujours le temps perdu.

O vanitas vanitatum ! Quel dieu que j'invoque, l'oracle est toujours le même ; je suis forcé de reprendre la route d'Amiens ! Il faudroit supposer aux François d'aujourd'hui une foi bien robuste pour leur faire croire un miracle comme celui qui fut permis en faveur d'un saint qui prophétisoit dans le ventre de sa mère. Quelle différence aussi d'un empereur à un saint ! Ainsi, que les diplômes aient été accordés ou non aux MM. de Santerre, vous devinez bien à quoi ils peuvent servir à ceux d'aujourd'hui. Traçons maintenant avec rapidité, mais toujours avec des preuves authentiques, l'histoire de la véritable maison de Hongrie.

Félix (1), fils d'André *le Vénitien,* appelé *Nobilem, potentem ae magnificum virum dominum Crouy-Chanelis,* dans un traité

______

(1) Le nom de Croy, qui suivoit celui de ce prince, lui venoit de la possession de la co-seigneurie de *Croy-sur-Somme,* acquise par l'un de ses pères, Etienne de Hongrie.

du 1.ᵉʳ mars 1279, entre lui et les habitants de Brastol, dont il étoit le seigneur, fut malheureux dès l'enfance et poursuivi par Charles Iᵉʳ comte de Provence, qui méditoit l'usurpation de la Hongrie : il se retira en Dauph'né, où il épousa Guigone de la Chambre, d'une illustre maison de Savoye (1).

Félix mourut à la fleur de son âge, et quelque temps avant son père. On présume qu'il fut la victime de Charles Iᵉʳ, qui, ayant marié sa fille à Ladislas *le Cumain*, voulut détruire les héritiers mâles de la maison légitime de Hongrie.

Antoine, André et Jean de Hongrie de Croy-Chanel furent les fruits du mariage de Félix et de Guigone. L'histoire montre Antoine de Hongrie, *Dictus Croy-Chanelis*, coseigneur de la Tour d'Allevard, et attaché à Jean II, dauphin de Viennois, tant dans ses armées que dans des missions diplomatiques. Cela est prouvé par le contrat de mariage de Pierre de Croy-Chanel, fils aîné d'Antoine dont il est question, avec Agnès de Sassenage. Je vais transcrire ici quelques passages de cet

____

(2) Chorrier, Valbonais.

acte du 9 décembre 1308 ; il est écrit entièrement en latin. Le dauphin Jean et Béatrix de
Hongrie, son épouse, y furent présents. *« Il-
lustrissimus et magnissimus Cominus
Joannes noster delphinus, et illustris-
sima et magnissima nostra domina Bea-
trix Hungariæ, amicissima sua uxor, co-
gnati dicti illustris domini Petri Croy-
Chanelis....* C'est-à-dire, mot à mot, « le
» très-illustre et très-puissant Jean, notre
» dauphin, et la très-illustre et très-puissant
» Béatrix de Hongrie, son épouse bien-aimée,
» cousine dudit illustre seigneur Pierre de Croy-
Chanel » .... *Contemplatione dicti presentis
matrimonii et nobilissimis cognationæ* (1)
*supra dictæ et presertim inter dictam il-
lustrissimam et magnissimam dominam
Beatricem Hungariæ, et dictum illustrem
dominum futurum conjugem,* AMBOS A SAN-
GUINE REGIO HUNGARIÆ PROCESSOS.... « En con-
» templation dudit mariage et de la parenté
» susdite existante entre eux et surtout entre

---

(1) Béatrix de Hongrie, dauphine de Viennois,
étoit parente de Pierre de Croy-Chanel au 5ᵉ. degré.
Elle descendoit d'André II, par Béla IV et Etienne V.

» ladite très-illustre et très-puissante Béatrix
» de Hongrie, et ledit illustre seigneur, futur
» époux, ISSUS TOUS DEUX DU SANG ROYAL DE
» HONGRE » ....

Je m'arrête ici, et je présume que la conviction de mes lecteurs n'a pas besoin d'un plus grand nombre de preuves, dont une longue démonstration deviendroit fastidieuse.

Remarquons en passant la différence qui existe entre cet acte et les diplômes des majestés dont nous avons parlé. Il n'y avoit pas moyen de plaisanter avec le dauphin Jean, ni de lui faire croire une chose qui n'étoit pas. Béatrix, son épouse, devoit connoître ses parens ; elle appeloit ainsi Pierre de Croy-Chanel ; et le dauphin n'avoit pas pris sa femme, comme disent les Italiens, *a lume di candella* ; il savoit bien qu'elle étoit la fille des rois, et il est certain qu'à cette époque les *mayeurs* d'Amiens n'auroient pas été cousins avec lui.

Il seroit trop long de consacrer un article biographique à tous les descendants de Pierre de Croy-Chanel ; nous en reparlerons cependant au chapitre des *faits et gestes*. J'affirme que la postérité de Félix de Hongrie, dit

Croy - Chanel , paroît honorablement dans toutes les pages de l'histoire du Dauphiné; que leur filiation est rigoureusement établie depuis le traité de 1279, tandis que la première et la plus ancienne pièce des MM. de Santerre est de 1486 : qu'ainsi il ne peut y avoir aucune identité entre eux et les princes de Hongrie.

Il me reste à détruire une calomnie, née sans doute de l'ignorance la plus complète, et répétée jusqu'à satiété dans les mémoires de MM. d'Havré. Il s'agit du mot de Chanel. Ce nom paroît bourgeois et convenoit bien à des greffiers, disent-ils. Il faut avouer que cette plaisanterie est bien foible contre les *merlettes* et les pâlés d'Amiens; mais enfin on a peut-être à la cour une manière d'avoir de l'esprit que nous autres roturiers nous ne connaissons pas.

Le nom de Chanel n'est pas plus bourgeois que celui de d'Havré , et je vais prouver dans l'instant qu'il a une origine bien plus respectable.

Dans le traité du premier mars 1279 Félix de Hongrie est appelé *Crouy-Chanelis*. On a vu que le même nom est donné à Pierre de

Hongrie dans le contrat de mariage du 9 septembre 1308; enfin ce mot suit toujours celui de Croy dans tous les titres de la véritable famille de Hongrie.

S'il m'étoit permis d'emprunter ici ces idées populaires que j'ai invoquées en commençant cet écrit, je relaterois l'explication que d'anciennes traditions Dauphinoises m'ont donnée du nom de Chanel. Félix de Hongrie avoit habité le Dauphiné long-temps avant le traité où il se fait appeler *Croy-Chanelis;* il est donc très-probable que ce surnom lui fut donné dans ce pays. *Chana* veut dire en langue vulgaire *couvrir, arroser, fertiliser; Croy-Chanalo* ou Chanel signifie à-peu-près le *bienfaisant,* abréviation de Croy, qui *arrose, fertilise.*

Ceux qui connoissent la province de Dauphiné savent combien le peuple a l'habitude d'ajouter quelque chose au nom des familles. On avoit peut-être le même usage à Amiens, puisque les *mayeurs* de cette ville ajoutèrent à leur nom de Croy de Santerre celui de Hongrie.

CHAPITRE TROISIÈME.

Faits et gestes.

———

Mais voici bien une autre histoire ! Nous avons déjà vu à quoi se réduisent cette grandeur chevaleresque, cette morgue insupportable que MM. de Santerre croyoient tenir de leurs ayeux. Nous avons vu, d'un autre côté, les véritables titres, les droits incontestables appuyés par les descendants des princes de Hongrie, avec la modestie inséparable de la véritable noblesse ; enfin nous avons vu les diplômes et les parchemins : voyons maintenant les hommes et les choses.

Nous sommes loin de partager ce principe : *Vindicabo iniquitates tuas super filios et filias nunc et in eternum.* Mais remarquez ici que les iniquités des pères ayant été les titres des iniquités des enfants, nous devons

les faire connoître dans l'intérêt de leur histoire chronologique.

C'est un rude métier que celui de cen-
seur! demandez à plusieurs gens de lettres
qui, maintenant, ont quitté la plume pour les
ciseaux ; il est bien difficile d'y contenter tout
le monde : il faut, pour ainsi dire, s'isoler des
intérêts et des petites prétentions, guidé toujours par un esprit impartial : moi qui ne
veux faire de concessions qu'à la justice, je
vais rire avec toute la sévérité dont je suis
susceptible.

Commençons par les princes de Santerre ;
à tout seigneur tout honneur. Ces messieurs
ont eu jusqu'à quatre historiens, et voilà bien
leur malheur ; ces maudits généalogistes ont
fait d'étranges bévues , et ils se sont tellement
contredit entr'eux, que pour débrouiller le
cahos un cinquième serait d'une utilité pres-
sante. J'ai réuni d'office tous les systèmes, et
je crois bien fermement que Guillaume de
Croy de Santerre est le plus grand papa qu'on
puisse donner à nosseigneurs ses descendants.

Le fils de ce Guillaume fut le favori de *Jean-
Sans - Peur*, le plus déterminé faiseur de
coups d'état qui existât alors. Ce fils s'appeloit

Jean, et l'on est tenté d'ajouter une sottise à son nom quand on sait son histoire.

Le favori du duc de Bourgogne étoit aussi son conseiller et son chambellan; je ne sais pas si c'est lui qui souffla à son maître l'idée d'assassiner le duc d'Orléans (1); cependant il fut arrêté par les gens de ce malheureux prince, et supporta pendant treize mois d'horribles tourments.

Mais ces petites gentillesses ne sont pas toutes les preuves d'attachement que Jean de Santerre donna à son maître. Le duc de Bourgogne ne s'amusoit pas toujours à faire tuer nos princes; voilà qu'il devint amoureux de mademoiselle Agnès, fille de son favori. La jeune personne, qui connaissoit le caractère décidé de son auguste amant, ne s'occupa point de sa vertu; elle mit au monde juste neuf mois après sa première entrevue, un petit Jean de Bourgogne. Mais voyez la Providence dans les plus petites choses, et la preuve que les princes font toujours bien tout

---

(1) Ce meurtre eut lieu à Paris, le 23 novembre 1407, rue Barbette. Voyez *Hist. Chrou. de la Maison de France*, tom. 8, pag. 565.

ce qu'ils font! ce fils de l'amour devint évêque de Cambrai; et la preuve de tout cela se trouve justement dans Carpentier, qui a écrit l'histoire des saints prélats de cette ville.

En faveur du petit bonhomme le duc de Bourgogne donna à son favori un nombre considérable de domaines, notamment le comté de Boulogne et la terre de Baurain. Telle fut la source de tant de richesses et de prospérités qui ont fait accuser les Croy-Chanel de Hongrie d'avoir été pauvres deux cents ans; tout cela fut l'ouvrage de cette tendre Agnès, dont la qualification se trouve dans Montaigne, Charron et Brantôme, qui ne plaisantoient pas et appeloient les choses par leur nom.

Les frères d'Agnès, qui avoient eu leur part de la reconnaissance du prince, ne s'arrêtèrent pas en si beau chemin.

Philippe-le-*Bon*, successeur de Jean *Sans-Peur*, admit dans son intimité Antoine, l'un d'eux, qui succéda auprès du duc à tous les emplois de son père.

Du moins Jean de Santerre, dans sa conduite peu honorable sans doute, avoit été fidèle à son maître : Antoine, son fils, crut devoir le trahir pour Louis XI, qui récompensa cette nouvelle félonie par des dignités et de nombreuses possessions. Ce roi, aussi cruel dans ses vengeances qu'artificieux et adroit à esquiver ses promesses et à rompre les conventions les plus augustes, profita de cette trahison pour s'emparer d'Amiens et de toutes les villes arrosées par la Somme que le traité d'Arras (1435), signé de la main de Charles VII, garantissoit à la maison de Bourgogne.

C'est, je crois, depuis cette époque qu'Antoine de Santerre devint maître de la terre de *Croy-sur-Somme* et d'une foule d'autres. Cette notice ressembleroit à l'itinéraire d'une partie de la France si j'y rappelois toutes les villes et villages qui furent le prix de la soumission d'Agnès et des services rendus au plus méchant roi du monde.

Il est inutile d'aller plus avant; j'en ai assez dit pour tirer toutes les inductions favorables à mon opinion, et ici je défie bien qu'on me démente avec Philippe de Commines et tous les historiens de ce bon siècle

On le voit donc enfin ce faisceau d'or qui ouvrit aux descendants des Croy de Santerre

les portes des honneurs et des palais! Ces richesses extraordinaires furent long-temps
conservées dans leur famille, qui ne les perdit
presqu'entièrement qu'à l'époque où une révolution glorieuse et répressive de tant d'abus
vint venger l'assassinat du duc d'Orléans et
les injures de Philippe-le-Bon.

Mais dès à présent je rentre dans une sage
retenue, et je ne veux point imiter ceux que
je combats en leur reprochant ces grands
malheurs, liés cependant à la prospérité publique.

On n'a pas remarqué sans intérêt que le
fief de *Croy-sur-Somme* ait passé dans une
autre famille. Il est à présumer que ses anciens maîtres, les princes de Hongrie, pour-
suivis toujours par le malheur, furent con-
traints de céder à la force ou à d'autres
circonstances trop favorables à ceux qui sont
maintenant leurs antagonistes. C'est sur l'injuste acquisition de cette terre que MM. d'Havré appuient principalement la preuve que
MM. de Croy-Chanel de Hongrie sont étran-
gers au nom qu'ils portent. Nous avons pos-
sédé vos biens; donc nous avons pris votre
nom et votre origine : voilà à quoi se réduit

ce singulier syllogisme, qui ne passeroit pas même dans une bouche roturière.

Les descendants des *mayeurs* d'Amiens furent toujours riches et heureux depuis cette époque : c'est l'exemple le plus étonnant de la fixité des faveurs ; mais cela s'explique facilement quand on sait qu'ils ne se bornèrent pas à exploiter la Cour de France ; tous les souverains les ont eus tour à tour d'un âge à l'autre à leur service. Les diplômes de Maximilien, de Rodolphe et de Léopold sont, je crois, des preuves incontestables de ce que j'avance. On auroit pu, à plus juste raison que pour Voltaire, écrire à MM. de Croy de Santerre en Europe.

Il y a sans doute eu, et il existe encore dans cette famille des hommes dignes d'un grand nom et d'une grande félicité; il seroit ridicule et injuste de soutenir le contraire. Je n'attaque point ici les individus ; je poursuis les courtisans avec une masse de preuves effrayantes, et ce n'est pas ma faute si j'ai trouvé quelquefois à rire à leurs dépens. Je suis bien sûr qu'ils disent entre leurs dents : rira bien qui rira le dernier ! Eh bien !

3.

moi aussi je le dis, et voilà que je suis obligé de dénoncer à l'histoire le fait suivant!

J'ai des raisons pour ne pas me souvenir sous quel règne et en quel temps un lieutenant général des armées françoises de la famille de Croy de Santerre donna lieu à cette plaisante anecdote, mais je puis affirmer que c'est celui à qui un Roi de France tiroit souvent le bout du nez en signe d'amitié.

Notre lieutenant général apperçut dans une caserne, je crois, un objet que probablement il voyoit pour la première fois, et il s'établit entre lui et un jeune officier de sa suite un colloque à peu-près semblable : — Qu'est-ce que cela? —Monseigneur, c'est un lit à la Turenne. — Ah !..... Et qu'est-ce donc qu'un lit à la Turenne? C'est singulier; on n'a pas en France le temps de réfléchir, qu'il arrive une invention nouvelle. — Mais, Monseigneur, c'est un canon. —Ah, c'est un canon! Voyons donc cela..... Ici il se fit expliquer dans tous les détails les différentes parties de cette arme.

Comme j'ai une forte envie de rire et de manquer ainsi de respect au lieutenant général, je continue pour éviter une si grande inconvenance ; je ne ferai pas même une petite observation.

Pendant que les fortunés détenteurs du fief de Croy en Santerre ne trouvoient point d'obstacles à l'accomplissement de leurs hautes destinées, et qu'ils s'y prenoient assez bien pour cela, que fesoient les descendants d'André III? Nous allons voir qu'ils n'étoient point dans l'obscurité, mais bien éloignés du point lumineux où le hasard et autre chose avoient porté leurs futurs compétiteurs.

Pierre de Croy-Chanel fesoit prisonnier le comte Edouard de Savoye à la bataille de Varey, gagnée contre ce Prince par le Dauphin Guigues XI (9 août 1325).

Guillaume de Croy Chanel mouroit à Crécy, et non pas en prison (26 août 1382).

Louis de Bourbon, comte de Clermont, fesoit chevalier son fils Jean de Croy-Chanel sur le champ de bataille de Rosbek (27 novembre 1382).

Rodolphe de Croy-Chanel administroit avec sagesse une partie de la province du Dauphiné (1434). Nous remarquerous ici que le sceau de ce prince a existé à Allevard jusqu'en 1790; une foule d'actes de cette commune en portoient l'empreinte : c'est une preuve certaine que le nom de Chanel est bien bourgeois.

Hector de Croy-Chanel sauvoit la vie au Dauphin Louis Ier, depuis Roi de France sous le nom de Louis XI. Je suppose que le prince qui avoit assassiné Agnès Sorel, et qui s'étoit révolté contre son père, ne méritoit pas ce généreux dévouement. Louis étoit alors le souverain légitime du Dauphiné, et l'action d'Hector de Croy-Chanel n'en reste pas moins belle : il vaut mieux sauver même un coupable, quand il est fugitif et malheureux, que de trahir son prince en livrant une de ses provinces à son ennemi. (Environ l'an 1470).

Le grand Coligny rendoit hommage à la valeur de Louis - Georges de Croy-Chanel après la bataille de Cérisolles, où l'honneur françois se vengeoit d'Azincourt et de Poitiers. (14 avril 1544).

Jean IV de Croy-Chanel, à la bataille de Saint-Quentin, tomboit au pouvoir de l'ennemi, mais blessé à la tète et au bras. (10 août 1554).

Claude Ier de Croy-Chanel se distinguoit à la prise du fort Barreaux, et Lesdiguieres, qui se connoissoit en hommes, lui écrivoit une lettre de félicitation, de laquelle nous transcrivons seulement le passage suivant, que je prie mes lecteurs de remarquer. *Je vous aurois fait expédier sur-le-champ des lettres de noblesse, comme j'ai fait à mon cadet de Charence, si n'estoit* NOTOIRE QUE VOS ANCÊTRES EN OCTROYOIENT AUX AUTRES ; *et puisque ne puys ainssy recognoistre le grand et bon service qu'avez rendu au roy en ceste occasion , je vous prie m'aider à trouver celle de servir à vostre avancement, et suis de toute mon âme vostre affectionné ami. De Grenoble, ce* 20 avril 1598. Signé LESDIGUIERES.

Si les MM. de Croy-Chanel avoient eu le malheur de perdre leurs autres titres, celui-là seul établiroit d'une manière victorieuse leur antique et illustre origine; car il est certain que des bourgeois ne peuvent pas *octroyer* des lettres de noblesse. Ce Lesdiguières étoit un homme dur et sévère; il fut plutôt le tyran du Dauphiné que le lieutenant général pour le Roi: mais ce chef extraordinaire , venant lui - même d'une famille très - ancienne, n'étoit pas homme à passer légèrement sur cet article. Il confirme ici les idées populaires sur les MM. de Croy-Chanel de Hongrie , et il les adopte , puisqu'il s'excuse de ne pouvoir leur offrir des lettres de noblesse, attendu que leurs pères en fesoient aussi.

Depuis ce temps les MM. de Croy-Chanel servirent avec distinction dans les armées françoises , ou honorèrent la toge des magistrats en rendant la justice à leurs concitoyens. Telle est toute la vérité, que j'aurois appuyée d'un plus grand nombre de preuves s'il pouvoit exister quelqu'un dont la conviction ne fût pas formée après la lecture de ce rapide résumé. Je suspendrai donc toute observation pour ne pas atténuer la force de ce qui précède.

CHAPITRE QUATRIÈME.

Conclusion.

Nous avons vu deux familles se disputer les armes et le nom des anciens rois de Hongrie. Un parallèle des deux généalogies a été fait en peu de mots; les preuves étaient toujours à côté des propositions. Ainsi, jusqu'à ce qu'on écrive l'histoire comme les contes arabes ou comme Perrault, il restera clairement démontré que la maison d'Havré tient son nom de Croy du fief de Santerre; que les *mayeurs* d'Amiens, dont l'écu se composoit de trois *merlettes,* sont les véritables auteurs de Guillaume et de Jean, les favoris du duc de Bourgogne, reconnus par M. d'Havré; que depuis ce temps leurs ayeux, comblés d'honneurs et de richesses, purent jouir sans trouble d'un nom manifestement usurpé; que la justice doit se rendre sur des preuves écrites légales et authentiques, et non pas sur des gasconnades et avec des allégations et des paroles en l'air. Il restera clairement démontré que Félix de Hongrie, fils légitime d'André III, qui vint s'établir en Dauphiné, est l'auteur des véritables Croy-Chanel de Hongrie; que les titres, attestant leur filiation en ligne directe et masculine, sont entourés, outre leur authenticité, de tous les souvenirs historiques d'un peuple qui n'a jamais rien cru trop facilement; que la famille de Sassenage, alliée à celle de Croy, dont l'origine est aussi ancienne que les chroniques positives du Dauphiné, tenoit trop à son nom pour le mêler à un nom plus obscur; que les malheurs de la famille de Croy et l'absence des richesses n'ont pu détruire sa noble origine; qu'ainsi la contestation qu'elle a élevée pour revendiquer enfin ses droits et ses armes, repose sur le droit public de toutes les nations et de tous les temps.

Telles sont les réflexions que me suggère le sujet que j'ai traité: je reviens maintenant aux intérêts généraux que j'ai eu l'intention de défendre.

Le pouvoir d'un favori s'étend plus loin peut-être que celui d'un prince; ce n'est pas un pouvoir agissant, mais c'est une force morale honteusement redoutable, et dont les effets ne sont que trop sûrs. C'est devant les tribunaux que doit plier ce chêne impérieux, dont la chute prochaine est toujours à craindre : c'est là que cessent les distinctions des hommes; c'est de ce sanctuaire auguste, où reposent tous les intérêts et les élémens sociaux, que doit sortir la parole de la vérité, dictée par la loi; la loi, mot imprescriptible qui rassure le foible contre le puissant, l'opprimé contre l'oppresseur, la victime contre le méchant.

Si, contre toutes les probabilités de la raison et de la confiance constitutionnelle, la faveur insolente triomphoit d'un droit établi et prouvé, il n'y a pas de raison pour que de nouvelles contestations n'amènent de nouvelles violations : je l'ai déjà dit; ce n'est pas dans cette cause l'objet en litige qui m'intéresse; ce sont les qualités et surtout la situation des parties. J'espère beaucoup de l'impartialité, de la sagesse des juges; mais je crains beaucoup de l'influence de quelques hommes.

« Eh ! ne savons-nous pas combien a été fatale à la France la conduite capricieuse et vacillante d'un favori ! Tout respiroit la paix, l'amour du roi et de la constitution; les partis divisés parloient de conciliation; le commerce, dégagé d'entraves et de craintes, remplaçoit l'indigence par d'utiles travaux : quelques jours ont détruit cet édifice, ouvrage immortel et précieux d'un prince cher à notre amour; on a marché d'erreur en erreur, et déjà le désespoir gronde dans les cœurs comme une tempête éloignée !...

Les pensées de mon âme s'exhalent malgré moi, et se peignent trop vite sous ma plume : il y a loin de ces prophéties lugubres, qui ne sont peut-être que dans moi, au procès de MM. Croy-Chanel et Croy-d'Havré; cependant il y avoit plus loin des rois de Hongrie aux *merlettes* des *mayeurs* d'Amiens : c'est ainsi qu'on s'égare, et c'est peut-être un exemple que j'ai voulu en donner.

Je termine donc ici cet écrit qui m'a été dicté par une conviction intime et la connoissance particulière que j'avois des prétentions soumises aux tribunaux. Étranger à la crainte, j'ai dit la vérité; j'en appelle à l'histoire et aux Dauphinois, qui connoissent tous comme moi celle de leur pays. Si je suis démenti, je répondrai; si j'ai irrité l'orgueil de quelqu'un, j'en serai fâché; mais je m'en consolerai; enfin si j'ai pu servir la justice en défendant malgré ma foiblesse une cause que j'ai crue équitable, je pardonnerai volontiers aux grands seigneurs de m'avoir fait parler, dans le temps où nous vivons, de *généalogies*, de *fiefs*, de *fasces de gueule*, de *merlettes* et de *pâtés d'Amiens*.

POST-SCRIPTUM.

—

La faveur a triomphé de la justice et du droit! Un jugement qui feroit honte aux magistrats de l'ancienne Béotie vient d'être rendu par le tribunal de première instance de la Seine, le 26 août 1820! Si je ne considérois que l'indignation qui s'empare de moi je traduirois littéralement à mes lecteurs une décision aussi ridicule dans ses motifs, que pour le fond elle est contraire à la raison et aux lois de l'État; mais je suis contenu par un reste de respect pour la magistrature. Les MM. de Santerre ont été déclarés véritables descendants des princes de Hongrie!.. Quelle profanation de titres et de noms!... Et sur quoi repose une semblable déclaration? Sur les pencartes de Maximilien, de Rodolphe et de Léopold, dont mes lecteurs doivent s'être formé une idée positive.

Je dois donc à la majesté des lois et à l'in-dépendance des tribunaux une protestation inspirée par le sentiment honorable de l'équité.

Le jugement du tribunal de la Seine a été dicté dans l'antichambre des MM. d'Havré, et en voici la preuve:

» Considérant que la notoriété publique . *fondée sur les diplômes de Maximilien, de Rodolphe et de Léopold, empereurs d'Allemagne, a reconnu les MM. d'Havré comme descendants légitimes des rois de Hongrie.*»

Ainsi ces titres, entachés d'anachronismes et de suspicion établie même par leur contenu, ont été seuls consultés, et le tribunal renvoie les MM. de Croy-Chanel de Hongrie devant un tiers pour faire constater l'authenticité d'une centaine d'actes reconnus d'abord par une cour souveraine, par l'ancien gouvernement, et surtout par cette notoriété publique et populaire qu'on ne dicte pas, qu'on n'effraye pas et qu'on n'achète pas.

Il y a huit jours que le tribunal auroit dû prononcer dans cette affaire, qui, malheureusement, prend bien le cours que je ne faisois que supposer ; mais les favoris avoient eu le pouvoir de faire ajourner une décision qu'ils craignoient de trouver conforme au réquisitoire du ministère public, qui cependant n'avait conservé dans ses conclusions qu'une lueur de respect et de retenue pour la justice et la loi.

Depuis quelques jours on disoit dans les salons : Bah ! est-ce qu'il doit y avoir une LOI pour MM. d'Havré ? Plus d'une grande dame a répété ce propos, et il paroît que le sexe et autre chose ont une influence majeure au palais de justice.

Ainsi, il n'y a plus d'espace qui nous sépare de l'arbitraire ! les jugements seront vendus à l'intrigue, aux rubans et à la sottise ! voilà ce que je craignois, voilà ce qui arrive ! Mais il y a encore dans cette décision burlesque une impudeur, un odieux qui ne peuvent vraiment se concevoir : non-seulement d'obscurs *mayeurs* d'Amiens pourront porter les armes d'une maison royale, mais encore un tribunal qui doit au moins savoir lire n'ose pas prononcer la validité des titres qui assurent aux MM. de Croy-Chanel de Hongrie un nom qu'ils ont porté sans tache et sans vendre leurs filles aux princes et des provinces aux ennemis de leurs maîtres !...

J'avois été attiré à l'audience du tribunal par l'intérêt que je portois à la cause qu'on devoit y *juger :* j'ai vu entrer l'avocat chargé de représenter les MM. de Santerre, rayonnant *comme un recteur suivi des quatre facultés*; déjà il connaissoit la teneur du jugements et quand il a été prononcé, il s'est tourné vers l'auditoire avec un petit air de satisfaction qui sembloit dire *je le savois!*

Tout n'est pas terminé sans doute, et je l'espère pour l'honneur des tribunaux, des magistrats, dont le ressort est plus élevé, les décisions plus solennelles, prononceront un jour, et donneront au public attentif la dernière mesure entre la faveur et la justice.

Je n'ai pas l'habitude, et je n'avois pas l'envie de traiter sérieusement cette affaire; mais quand le président a eu prononcé, une larme est tombée sur mon cœur.... Je l'offre cette larme douloureuse à la raison, à la vertu, à la magistrature outragées à la fois dans un instant!

Après l'audience de la 1re chambre du tribunal de la seine, ce 26 août 18..